AF194495

Impressum
Verlag: BABADADA GmbH, Nedderfeld 112 , 22529 Hamburg
Geschäftsführer / Verlagsleitung: Harald Hof
Druck: Books on Demand GmbH, In de Tarpen 42, 22848 Norderstedt

Imprint
Publisher: BABADADA GmbH, Nedderfeld 112 , 22529 Hamburg, Germany
Managing Director / Publishing direction: Harald Hof
Print: Books on Demand GmbH, In de Tarpen 42, 22848 Norderstedt, Germany

mekdep

школа

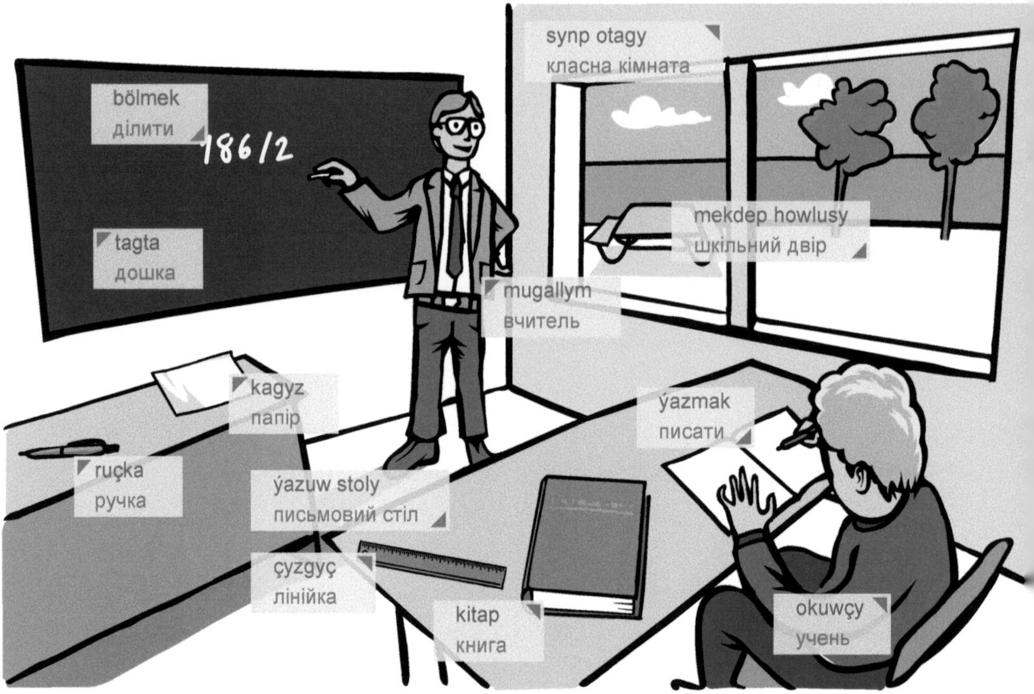

synp otagy
класна кімната
bölmek
ділити
186/2
tagta
дошка
mekdep howlusy
шкільний двір
mugallym
вчитель
kagyz
папір
ýazmak
писати
ruçka
ручка
ýazuw stoly
письмовий стіл
çyzgyç
лінійка
kitap
книга
okuwçy
учень

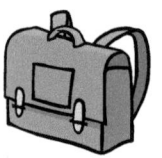

ranes
ранець

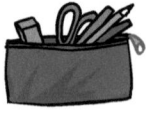

penal
пенал

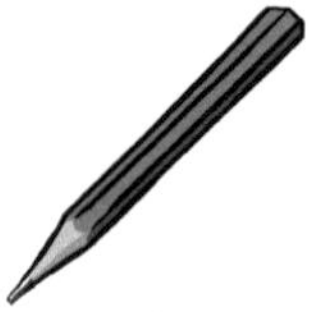

galam
олівець

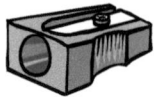

galam artylýan
точило

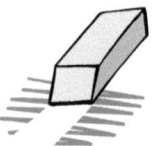

bozguç
гумка

surat çekmek üçin albom
альбом для малювання

surat

малюнок

çotgajyk

пензель

reňkli guty

коробка фарб

gaýçy

ножиці

ýelim

клей

depder

зошит

öý işi

домашнє завдання

san

число

goşmak

додавати

aýyrmak

віднімати

köpeltmek

множити

hasaplamak

рахувати

harp

літера

elipbiý

абетка

söz

слово

tekst

текст

okamak

читати

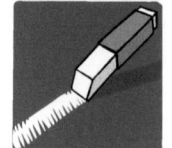

hek

крейда

sapak

година

synp dergisi

класний журнал

synag

екзамен

diplom

диплом

mekdep lybasy

шкільна форма

bilim

освіта

ensiklopediýa

лексикон

uniwersitet

університет

mikroskop

мікроскоп

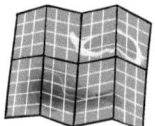

karta

карта

kagyz üçin sebet

кошик для паперу

mekdep - школа

syýahat

подорож

myhmanhana
готель
Grand
syýahatçylyk bazasy
турбаза
ROOMS
CHANGE
walýuta çalyşmak üçin bent
обмінний пункт
çemedan
валіза
awtomobil
автомобіль

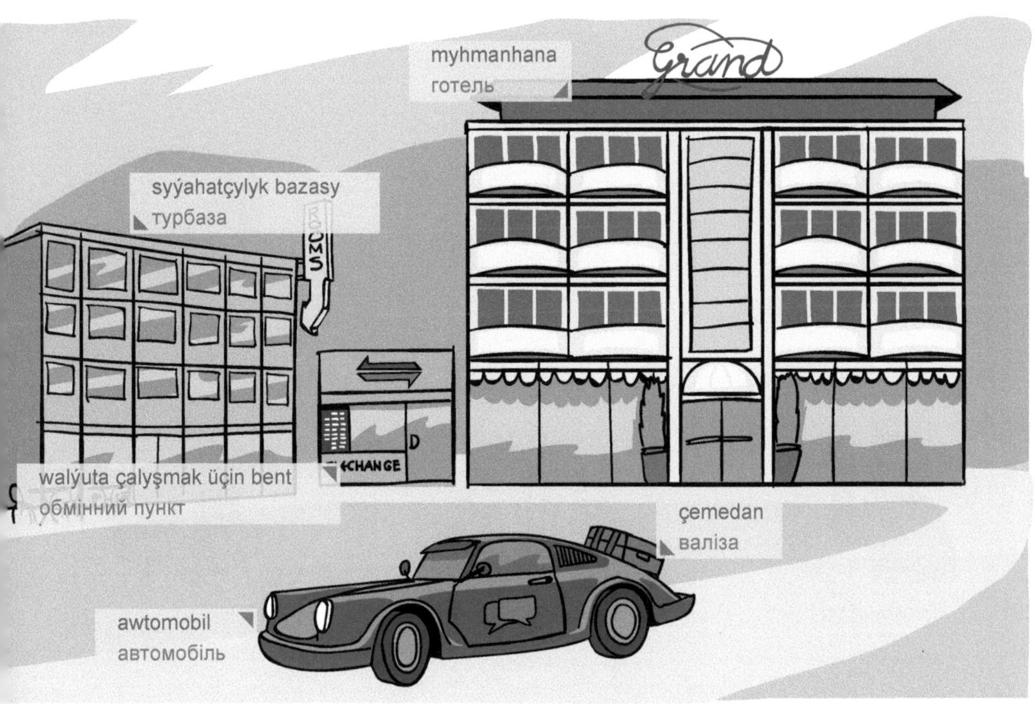

dil

мова

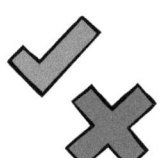

hawwa / ýok

так / ні

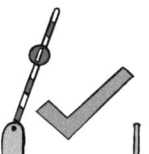

bolýa

добре

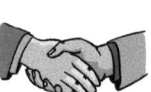

salam

привіт

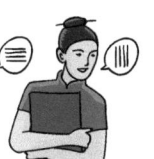

terjimeçi

перекладач

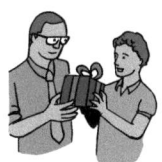

Minnetdar

дякую

bahasy näçe?

Скільки коштує ...?

men düşünmeýärin

Я не розумію

mesele

проблема

Agşamyňyz haýyr!

Добрий вечір!

Ertiriňiz haýyrly!

Доброго ранку!

Gijäňiz rahat bolsun!

На добраніч!

görüşýänçäk

До побачення

ugur

напрямок

ýük

багаж

torba

сумка

eginden asylýan torba

рюкзак

myhman

гість

otag

кімната

halta ýorgan

спальний мішок

çadyr

намет

syýahat - подорож

syýahatçylyk maglumaty

туристична інформація

kenarýaka

пляж

karz karty

кредитна картка

ertirlik

сніданок

günortanlyk

обід

agşamlyk

вечеря

petek

квиток

lift

ліфт

poçta markasy

поштова марка

çäk

межа

gümrük

митниця

ilçihana

посольство

wiza

віза

pasport

паспорт

ulag
транспорт

uçar
літак

gämi
корабель

ŷangyn söndüriji ulag
пожежна машина

awtobus
автобус

ÿük ulagy
вантажний автомобіль

motorly gaÿyk
моторний човен

tigir
велосипед

awtomobil
автомобіль

parom

пором

gaÿyk

човен

motosikl

мотоцикл

polisiÿa ulagy

поліцейська машина

çapyşyk

гоночний автомобіль

kärendä alnan ulga

автомобіль на прокат

ulagy bilelikde ulanmak

спільне користування авто

tirkeg ulagy

евакуатор

zir-zibil daşaýan ulag

сміттєвоз

hereketlendiriji

двигун

ýangyç

паливо

guýma

автозаправна станція

ýol belgisi

дорожній знак

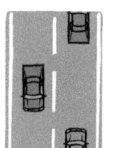

hereket

рух

dyky

затор

awtoduralga

стоянка

menzil

вокзал

seplem

рейки

otly

потяг

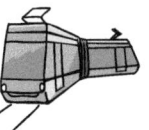

tramwaý

трамвай

wagon

вагон

dik uçar

гелікоптер

howa menzili

аеропорт

minara

вежа

ýolagçy

пасажир

konteýner

контейнер

guty

коробка

araba

візок

sebet

кошик

uçmak / gonmak

стартувати / приземлятися

şäher

місто

oba

село

şäher merkezi

центр міста

öý

дім

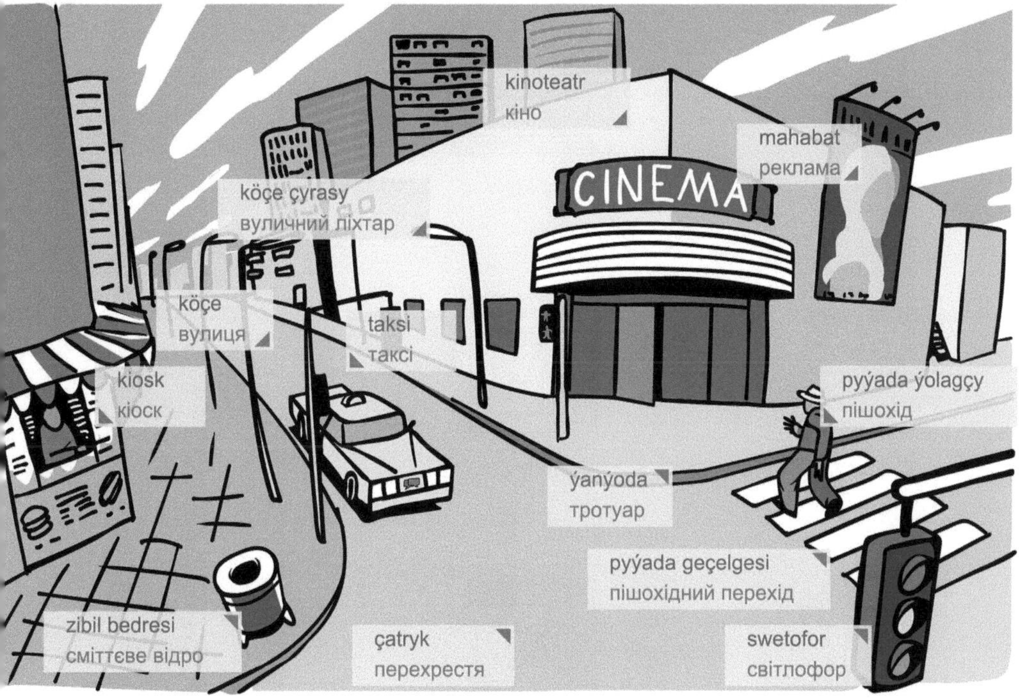
kinoteatr
кіно
mahabat
реклама
CINEMA
köçe çyrasy
вуличний ліхтар
köçe
вулиця
taksi
таксі
kiosk
кіоск
pyýada ýolagçy
пішохід
ýanýoda
тротуар
pyýada geçelgesi
пішохідний перехід
zibil bedresi
сміттєве відро
çatryk
перехрестя
swetofor
світлофор

kepbe

хатина

öý

квартира

menzil

вокзал

şäher häkimligi

ратуша

MUSEUM

muzeý

музей

mekdep

школа

uniwersitet

університет

bank

банк

hassahana

лікарня

myhmanhana

готель

dermanhana

аптека

ofis

офіс

kitap dükany

книжковий магазин

dükan

магазин

gül dükany

квітковий магазин

supermarket

супермаркет

bazar

ринок

uniwermag

універмаг

balyk söwdagäri

торговець рибою

söwda merkezi

торговельний центр

port

гавань

park

парк

oturgyç

лава

köpri

міст

merdiwan

сходи

metro

метро

ötük

тунель

awtobus

автобусна зупинка

bar

бар

restoran

ресторан

poçta gutusy

поштова скринька

köçäni adyny görkezýän ýazgy

вулична табличка

parkometr

лічильник паркування

haýwanat bagy

зоопарк

basseýn

басейн

metjit

мечеть

ferma
ферма

daşky gurşawyň hapalanmagy
забруднення навколишнього середовища

gonamçylyk
кладовище

buthana
церква

çaga meýdançasy
дитячий майданчик

ybadathana
храм

landşaft
ландшафт

ýaprak
листок

ýol görkeziji
вказівний стовп

ýol
шлях

ýaýla
луг

daş
камінь

agaç
дерево

syýahatçy
мандрівник

derýa
річка

ot
трава

gül
квітка

dere

долина

dag

гора

köl

озеро

tokaý

ліс

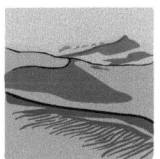

çöl

пустеля

wulkan

вулкан

gulp

замок

älemgoşar

веселка

kömelek

гриб

palma agajy

пальма

çybyn

комар

sinek

муха

garynja

мурашка

bal arysy

бджола

möý

павук

tomzak

жук

gurbaga

жаба

awusiýdik

вивірка

kirpi

їжак

towşan

заєць

baýguş

сова

guş

птах

guw

лебідь

ýekegapan

кабан

sugun

олень

los

лось

bent

гребля

şemal generatory

вітряк

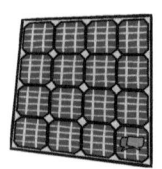

gün batareýasy

сонячний модуль

howa

клімат

restoran
ресторан

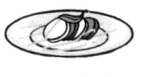

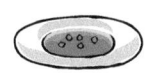

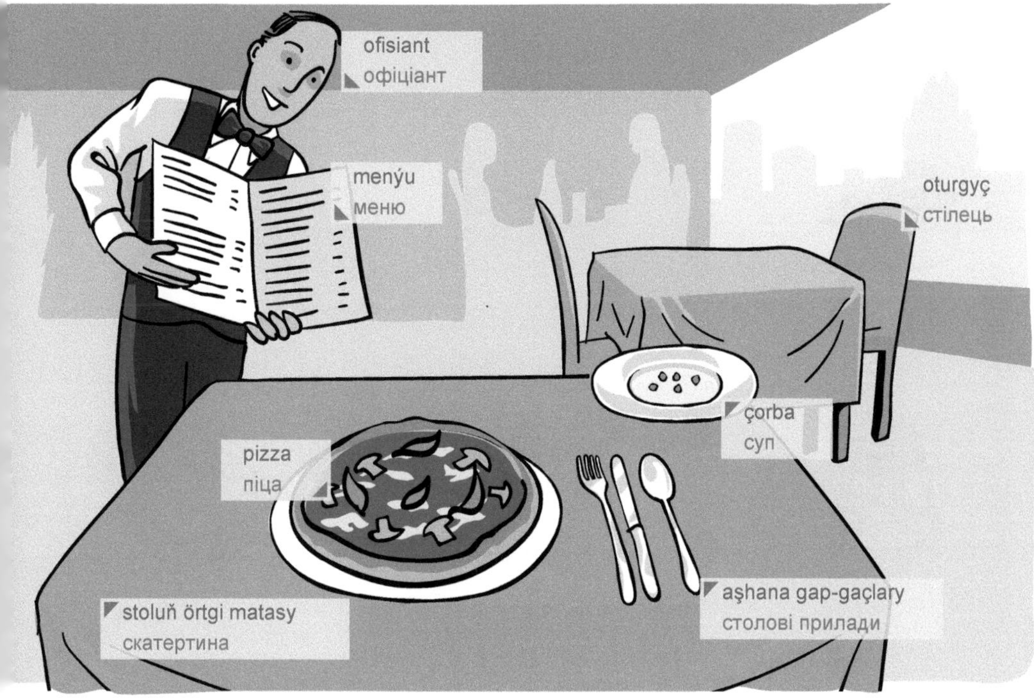
ofisiant
офіціант
menýu
меню
oturgyç
стілець
çorba
суп
pizza
піца
aşhana gap-gaçlary
столові прилади
stoluň örtgi matasy
скатертина

garbanma

закуска

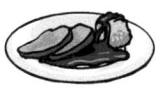

esasy tagam

друга страва

süýjülik

десерт

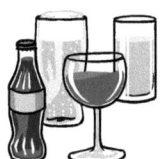

içgiler

напої

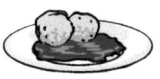

nahar

їжа

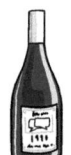

süýşe

пляшка

tiz tagam

фаст-фуд

köçe iýmiti

вулична їжа

çäýnek, kitir

чайник

şeker gaby

цукорниця

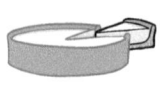

porsiýa

порція

kofe gaýnadyjy

еспресо-машина

çaga oturgyjy

високий стільчик

hasap

рахунок

mejme

піднос

pyçak

ніж

çarşak

вилка

çemçe

ложка

çaý çemçesi

чайна ложка

salfetka

серветка

bulgur

склянка

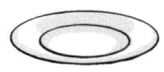

tarelka

тарілка

çorba tarelkasy

тарілка для супу

tabajyk

блюдце

sous

соус

duz gaby

солонка

burçy üweýji

млин для перцю

sirke

оцет

ýag

масло

huruş

спеції

ketçup

кетчуп

gorçisa

гірчиця

maýonez

майонез

supermarket

супермаркет

ýörite teklip
пропозиція
FOR
alyjy
клієнт
süýt önümleri
молочні продукти
miweler
фрукти
satyn alnan zatlar üçin araba
візок для покупок

BUTCHERS

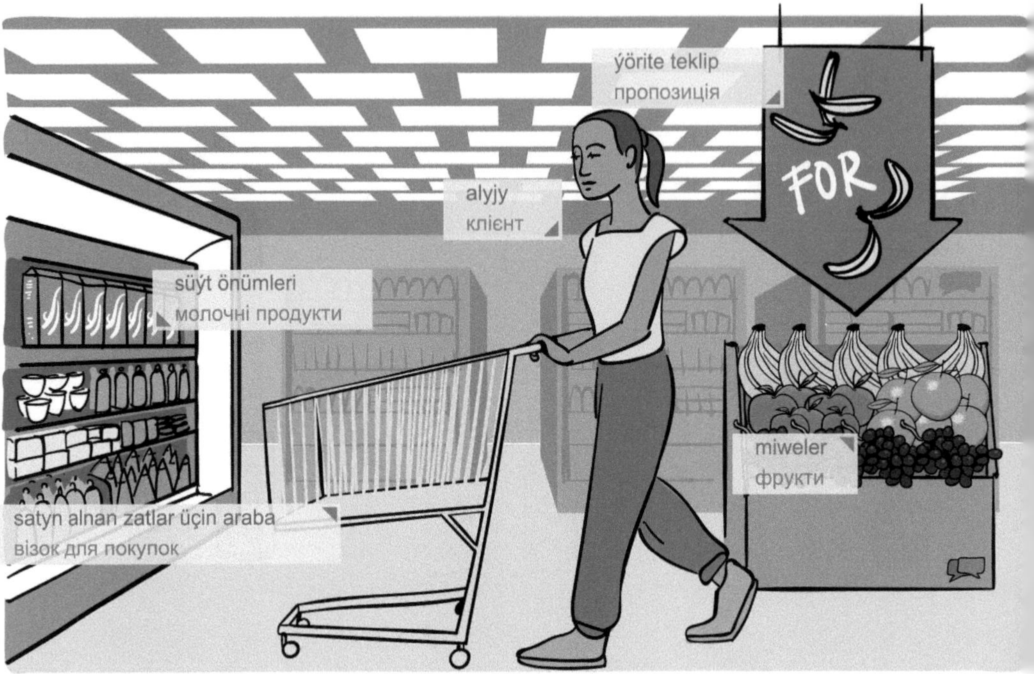

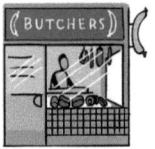

et dükany

м'ясний магазин

BAKERY

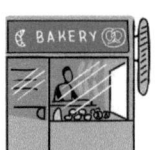

çörek kärhanasy

пекарня

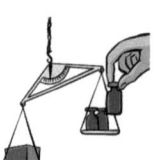

ölçemek

зважувати

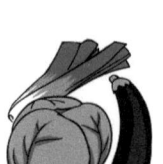

gök önümler

овочі

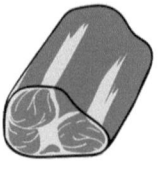

et

м'ясо

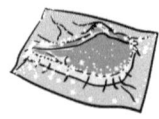

tiz doňýan önümler

заморожені продукти

kesme

ковбасна нарізка

konserwirlenen önümler

консерви

kir ýuwujy toz

пральний порошок

süýjülikler

солодощи

öýde ulanylýan zat

предмети домашнього побуту

ýuwujy serişde

мийний засіб

satyjy aýal

продавщиця

kassa

каса

pulhanaçy

касир

satyn alynmaly zatlar

список покупок

iş wagty

часи роботи

gapjyk

гаманець

karz karty

кредитна картка

sumka

сумка

polietilen paket

поліетиленовий пакет

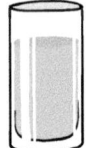

suw

вода

şire

сік

süýt

молоко

koka-kola

кола

wino

вино

piwo

пиво

alkogol

алкоголь

kakao

какао

çaý

чай

kofe

кава

espresso

еспресо

kapuçino

капучіно

banan

банан

alma

яблуко

pyrtykal

апельсин

garpyz

кавун

limon

лимон

käşir

морква

sarymsak

часник

bambuk

бамбук

sogan

цибуля

kömelek

гриб

hoz

горішки

un aş

локшина

spagetti

спагеті

tüwi

рис

işdäaçar

салат

gowurylan ýer alma

картопля фрі

gowurylan ýer alma

смажена картопля

pizza

піца

gamburger

гамбургер

sendwiç

бутерброд

üweme

шніцель

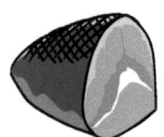

wetçina

шинка

salýami

салямі

şöhlat

ковбаса

towuk

курка

gowrulyp taýýarlanýan
nahar

печеня

balyk

риба

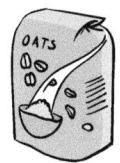

süle patragy

вівсяні пластівці

mýusli

мюслі

mekgejöwen patragy

кукурудзяні пластівці

un

борошно

kruassan

круасан

bulka

булочка

çörek

хліб

tost

тостовий хліб

köke

печиво

ýag

масло

dorog

сир

pirog

пиріг

ýumurtga

яйце

heýgenek

яєчня

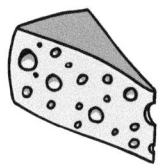

peýnir

сир

doňdurma

морозиво

şeker

цукор

bal

мед

marmelad

мармелад

nogully krem

нуга-крем

karri

карі

ferma

ферма

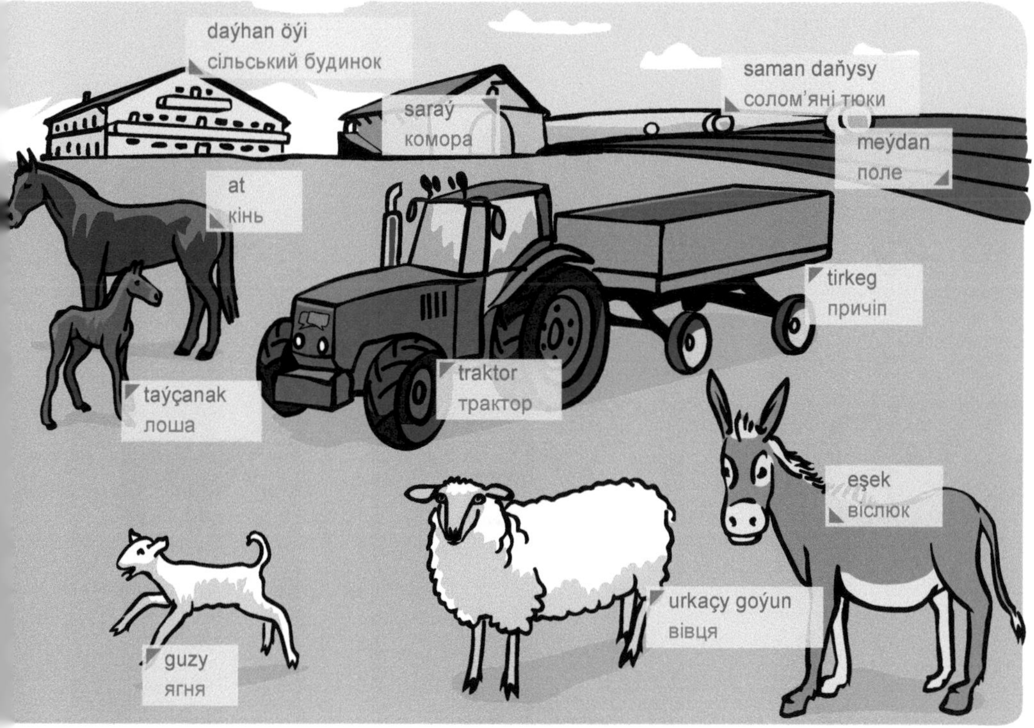
daýhan öýi
сільський будинок
saraý
комора
saman daňysy
солом'яні тюки
meýdan
поле
at
кінь
tirkeg
причіп
traktor
трактор
taýçanak
лоша
eşek
віслюк
urkaçy goýun
вівця
guzy
ягня

geçi

коза

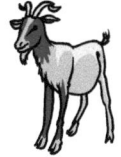

sygyr

корова

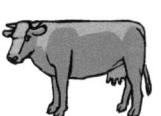

göle

теля

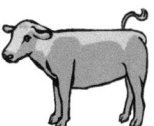

doňuz

свиня

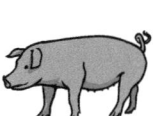

jojuk

порося

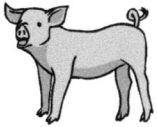

öküz

бик

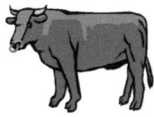

gaz

гусак

ördek

качка

jüýje

курча

towuk

курка

horaz

півень

alaka

щур

pişik

кіт

syçan

миша

öküz

віл

it

собака

it ýatagy

собача будка

bag şlangy

садовий шланг

guýgyç

лійка

orak

коса

azal

плуг

orak
серп

kätmen
мотика

dökün çarşagy
вила

palta
сокира

galtak
тачка

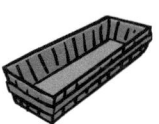

kersen
корито

süýt üçin tüňňür
бідон молока

halta
мішок

haýat
паркан

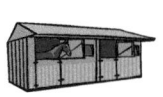

çörek
хлів

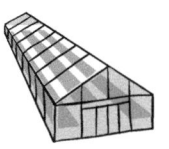

ýyladyşhana
теплиця

toprak
ґрунт

ekin
насіння

dökün
добриво

kombaýn
комбайн

hasyl ýygnamak

пожинати

galla

урожай

ýams

корінь ямсу

bugdaý

пшениця

soýa

соя

ýeralma

картопля

mekgejöwen

кукурудза

raps

ріпак

miwe agajy

плодове дерево

manioka

маніок

däneli ösümlikler

злаки

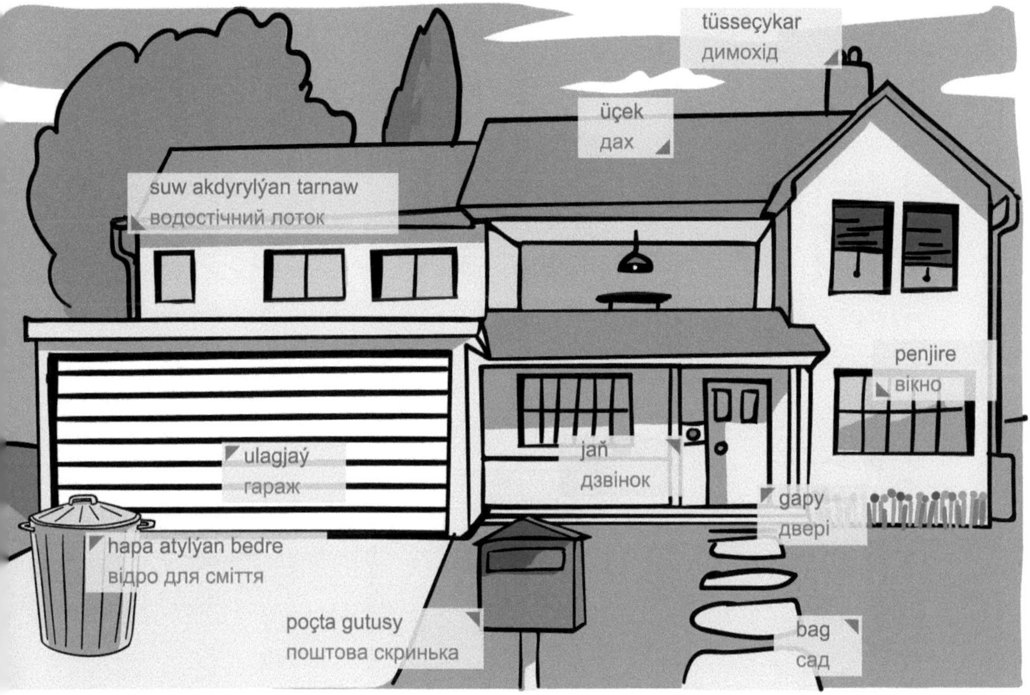

tüsseçykar
димохід

üçek
дах

suw akdyrylÿan tarnaw
водостічний лоток

penjire
вікно

ulagjaÿ
гараж

jaň
дзвінок

gapy
двері

hapa atylÿan bedre
відро для сміття

poçta gutusy
поштова скринька

bag
сад

myhman otagy
вітальня

wanna otagy
ванна кімната

aşhana
кухня

ÿatalga otagy
спальня

çaga otagy
дитяча кімната

naharhana
їдальня

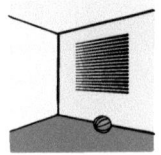

pol

підлога

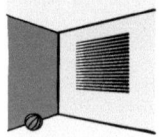

diwar

стіна

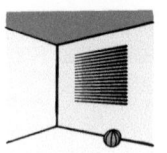

potolok

стеля

ýerzemin

підвал

hamam

сауна

balkon

балкон

eýwan

тераса

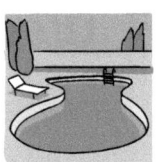

howdan

басейн

gazon orujy

косарка

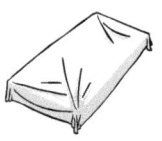

ýorgan daşlygy

простирало

örtgi

ковдра

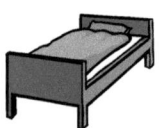

ýatakça

ліжко

sübse

мітла

bedre

відро

öçüriji

перемикач

myhman otagy
вітальня

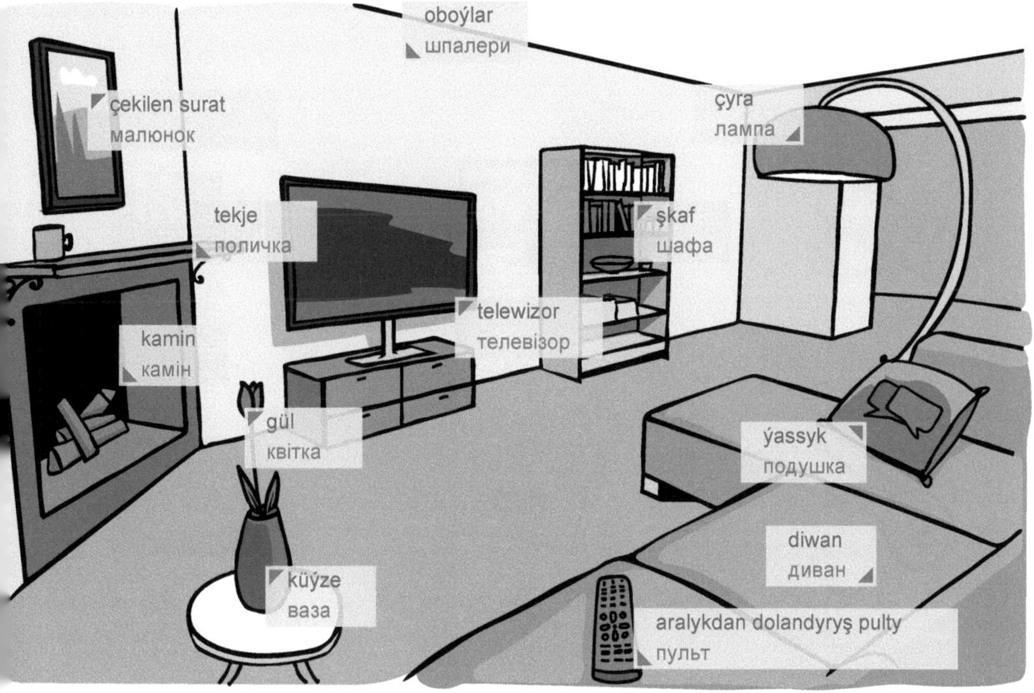

oboýlar
шпалери
çekilen surat
малюнок
çyra
лампа
tekje
поличка
şkaf
шафа
telewizor
телевізор
kamin
камін
gül
квітка
ýassyk
подушка
diwan
диван
küýze
ваза
aralykdan dolandyryş pulty
пульт

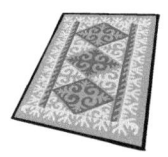

haly

килим

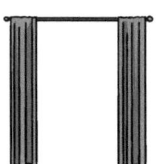

tuty

завіса

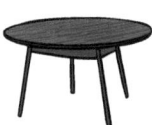

stol

стіл

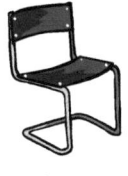

oturgyç

стілець

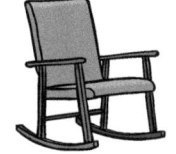

öňe-yza gaýdýan kürsi

крісло-гойдалка

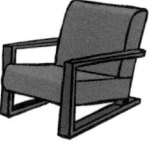

kürsi

крісло

kitap

книга

örtgi

ковдра

bezeg

прикраса

odun

дрова

film

фільм

stereo ulgam

стереосистема

açar

ключ

gazet

газета

surat

картина

ündewsurat

плакат

radio

радіо

bloknot

блокнот

tozan sorujy

пилосос

kaktus

кактус

şem

свічка

aşhana

кухня

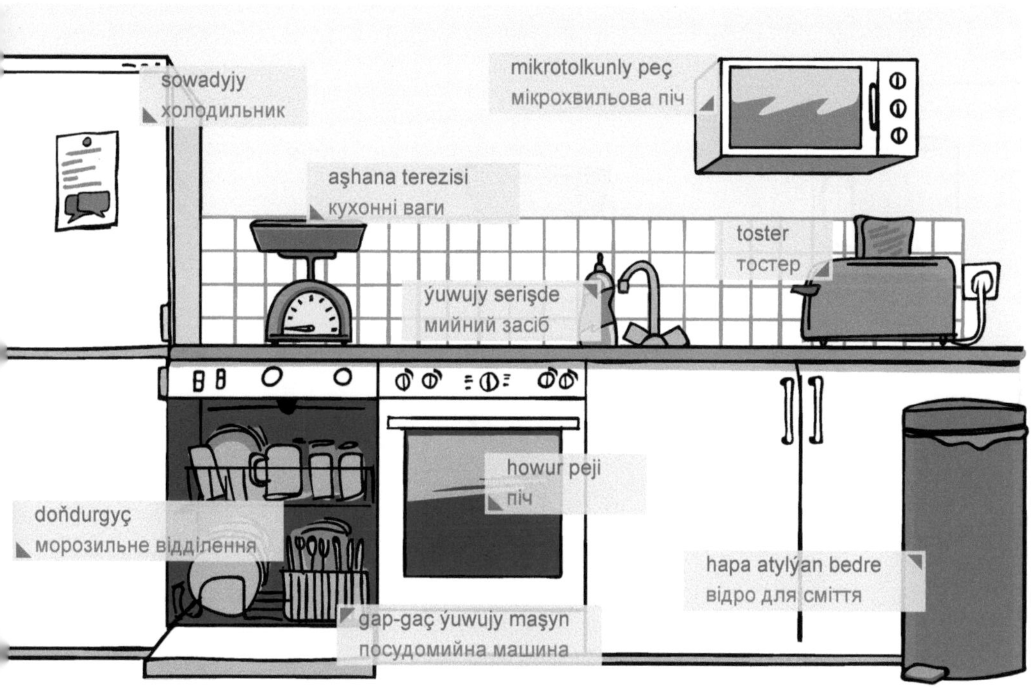

sowadyjy
холодильник
mikrotolkunly peç
мікрохвильова піч
aşhana terezisi
кухонні ваги
toster
тостер
ýuwujy serişde
мийний засіб
howur peji
піч
doňdurgyç
морозильне відділення
hapa atylýan bedre
відро для сміття
gap-gaç ýuwujy maşyn
посудомийна машина

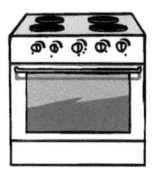

plita

плита

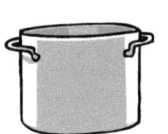

piti

горщик

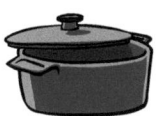

çoýun gazany

чавунний горщик

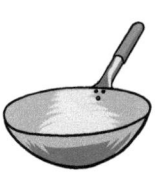

wok / kadaý

вок / кадай

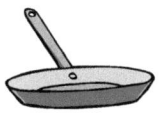

saç

сковорода

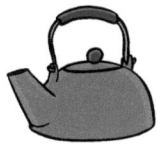

çäýnek, kitir

чайник

bugda bişiriji

пароварка

protiwen

лист

gap-gaç

посуд

kürşge

кухоль

jam

чаша

nahar iýilýän taýajyklar

палички для їжі

susak

черпак

piljagaz

лопатка

ýaýylýan maşyn

вінчик для збивання

elek

сито

elek

сито

gyrgyç

терка

soky

ступка

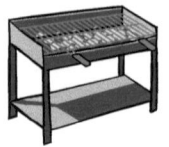

gril

барбекю

ot

багаття

aşhana - кухня

tagta

дошка

oklaw

качалка

ştopor

штопор

tüneke banka

конзерва

konserwa pyçagy

відкривачка

tutguç

прихватки

rakowina

раковина

çotga

щітка

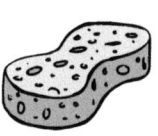

gubka

губка

mikser

міксер

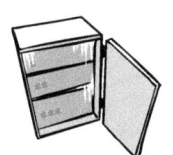

doňdurma kamerasy

морозильна камера

çagany iýmitlendirmek üçin çüýşejik

дитяча пляшка

kran

кран

wanna otagy

ванна кімната

ýyladyş
опалення
süpürgiç
рушник
köpürjikli wanna
пiниста ванна
duş
душ
duş üçin tuty
душова завiса
wanna
ванна
kir ýuwulýan maşyn
пральна машина
plitka
плитка
küýze
горшок
bulgur
склянка
kran
кран
rakowina
раковина

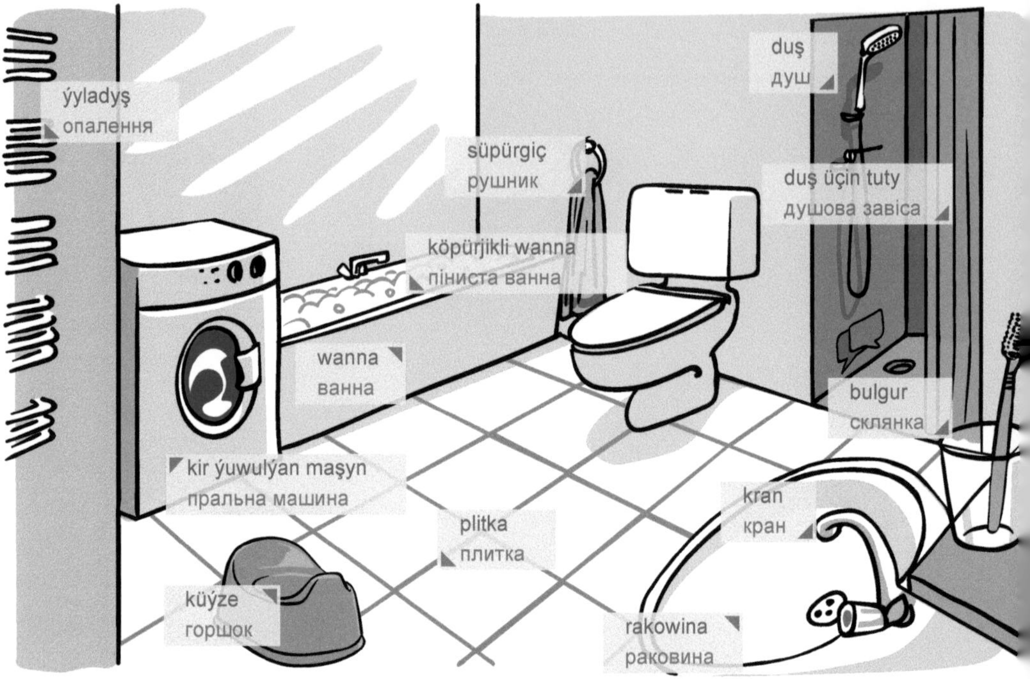

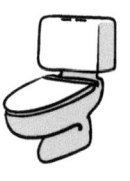

hajathana

туалет

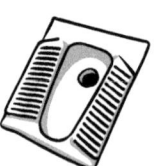

polda oturdylýan unitaz

підлоговий туалет

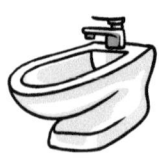

bide

біде

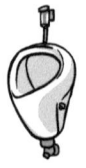

pissuar

пісуар

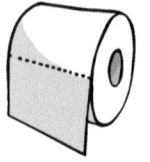

hajathana kagyzy

туалетний папір

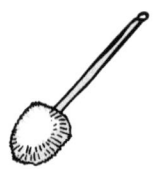

hajathana çotgasy

щітка для туалету

diş çotgasy

зубна щітка

diş pastasy

зубна паста

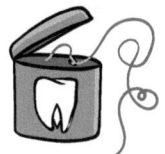

diş sapagy

нитка для чищення зубів

ýuwmak

мити

el duşy

ручний душ

şahsy duş

інтимний душ

legen

таз

arka üçin çotga

щітка для спини

sabyn

мило

duş üçin gel

гель для душу

şampun

шампунь

moçalka

мочалка

akyş

водостік

krem

крем

dezodorant

дезодорант

aýna

дзеркало

el aýnasy

косметичне дзеркало

päki

бритва

sakgal syrmak üçin köpürjik

піна для гоління

sakgal syrylanyndan soňky losýon

лосьйон після гоління

darak

гребінь

çotga

щітка

fen

фен

saç üçin lak

лак для волосся

kosmetika

косметика

dodaga çalynýan reňk

губна помада

dyrnaga çalynýan reňk

лак для нігтів

pamyk

вата

manikýur gaýçysy

ножиці для нігтів

atyr

парфум

kosmetika üçin gutujyk

косметичка

oturgyç

табурет

terezi

ваги

halat

халат

rezin ellik

гумові рукавички

tampon

тампон

gigiýena prokladkasy

гігієнічні прокладки

biohajathana

біотуалет

çaga otagy
дитяча кімната

oýarыjy
будильник
ýumşak oýnawaç
м'яка іграшка
oýnawaç awtoulag
іграшковий автомобіль
şakyrdawukly oýnawaç
брязкальце
gurjak öýi
ляльковий будиночок
sowgat
подарунок

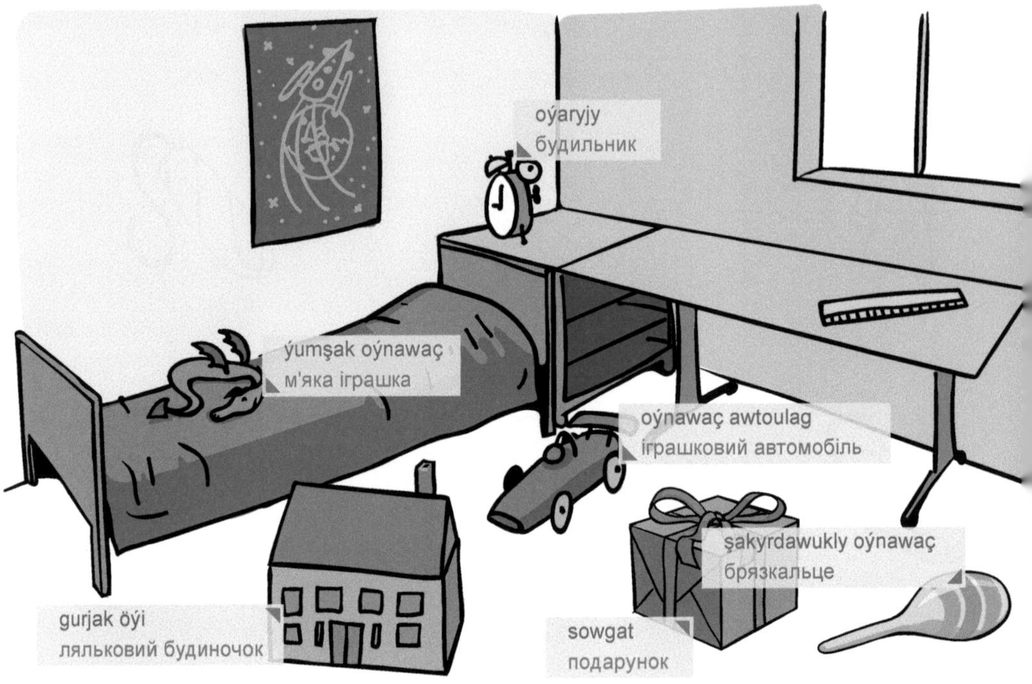

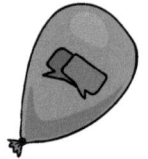

howaly şar

повітряна кулька

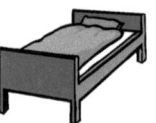

ýatakça

ліжко

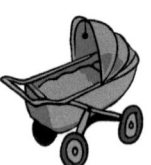

çaga arabasy

дитячий візок

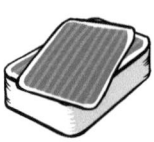

kart oýny

картярська гра

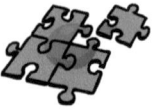

pazl

пазл

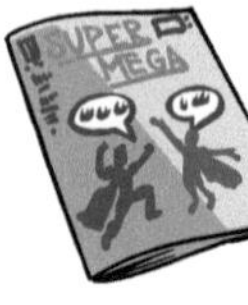

komiks

комікс

Lego kerpiçleri

лего цеглинки

kubikler

блоки

oýnawaç şekil

іграшкова фігурка

çagalar üçin joraply balak

повзунки

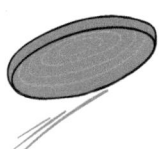

frisbi

фризбі

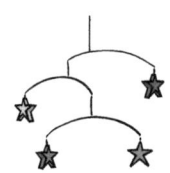

mobile

мобіле

stolüsti oýun

настільна гра

kubik

кубик

demir ýolunyň modeli

модель залізнична станція

soska

соска

şagalaň

вечірка

şekilli kitap

книжка з картинками

top

м'яч

gurjak

лялька

oýnamak

грати

çäge aýmança

пісочниця

hiňňildik

гойдалка

oýnawaç

іграшка

oýun pristawkasy

гральна консоль

üç tigirli welosiped

триколісний велосипед

plýuşadan aýyjyk

плюшевий мішка

egin-eşik üçin şkaf

шафа

egin-eşik

одяг

jorap

шкарпетки

çulki

панчохи

kolgotka

колготки

şarf
шарф

kemer
ремінь

saýawan
парасоля

futbolka
футболка

ädik
чоботи

öý şypbygy
домашнє взуття

krossowka
кросівки

sandaliýa
сандалі

aýakgap
взуття

rezin ädik
гумові чоботи

türsük
труси

göwüslik
бюстгальтер

maýka
нижня сорочка

bodi
боді

jalbar
штани

jins
джинси

ýubka
спідниця

bluzka
блузка

köýnek
сорочка

switer
пуловер

switer
светр

sport keltekçesi
піджак

žaket
куртка

palto
пальто

plaş
дощовик

kostýum
костюм

köýnek
сукня

toý köýnegi
весільна сукня

erkek üçin kostýum

костюм

ýatyş köýnegi

нічна сорочка

pižama

піжама

sari

сарі

ýaglyk

головна хустка

selle

чалма

perenji

бурка

kaftan

кафтан

abaýa

абая

suwa düşmek üçin lybas

купальник

plawki

плавки

şorty

шорти

sport lybasy

тренувальний костюм

öňlük

фартух

ellik

рукавички

ilik

гудзик

äýnek

окуляри

bilezik

браслет

zynjyr

ланцюг

ýüzük

кільце

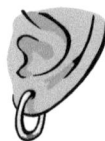

syrga

сережка

papak

шапка

geýim asgyç

плічка

şlýapa

капелюх

galstuk

краватка

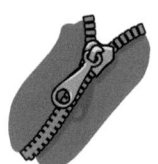

syrma

застібка-блискавка

şlem

шолом

egnaşyr kemer

підтяжки

mekdep lybasy

шкільна форма

lybas

уніформа

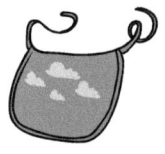

çaga döşlügi

нагрудник

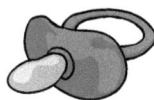

soska

соска

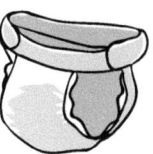

arlyk

підгузок

ofis

офіс

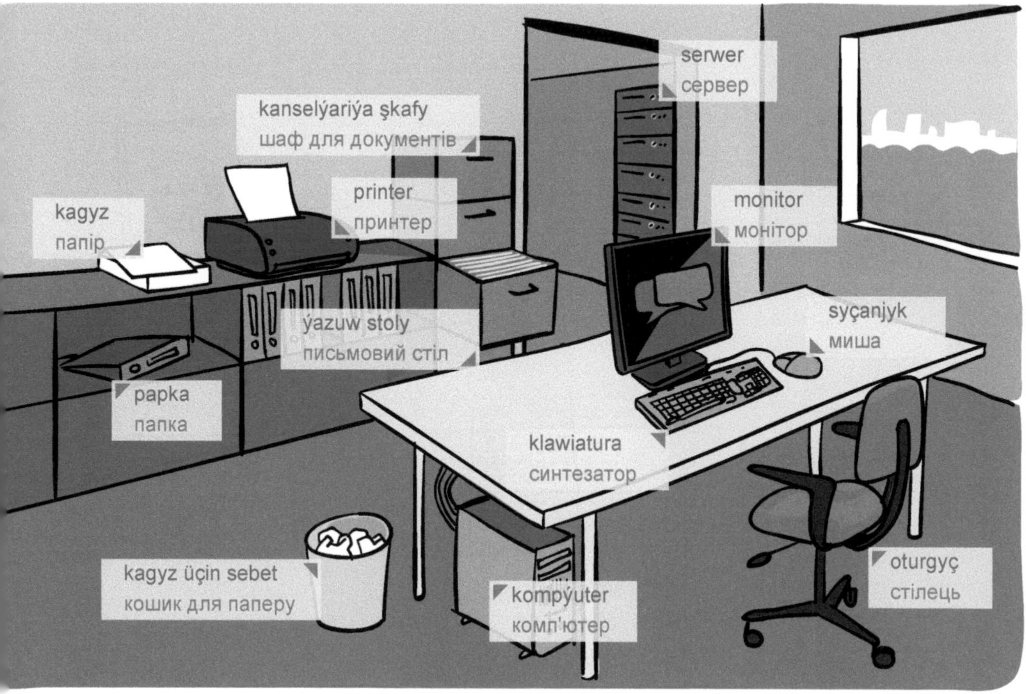

serwer
сервер
kanselýariýa şkafy
шаф для документів
kagyz
папір
printer
принтер
monitor
монітор
ýazuw stoly
письмовий стіл
syçanjyk
миша
papka
папка
klawiatura
синтезатор
kagyz üçin sebet
кошик для паперу
kompýuter
комп'ютер
oturgyç
стілець

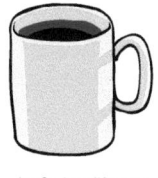

kofe kružkasy

кавовий кухоль

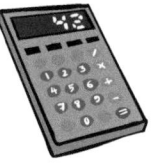

kalkulýator

калькулятор

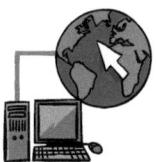

internet

інтернет

noutbuk

ноутбук

hat

лист

habar

повідомлення

öÿjükli telefon

мобільний телефон

tor

мережа

kseroks

копіювальний пристрій

programma

програмне забезпечення

telefon

телефон

rozetka

розетка

faks

факс

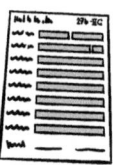

formulÿar

бланк

resminama

документ

satyn almak

купувати

tölemek

платити

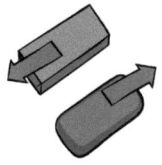

söwda etmek

торгувати

pul

гроші

dollar

долар

ýewro

євро

iena

ієна

rubl

рубль

frank

франк

ženminbi ýuan

юанів женьміньбі

rupiýa

рупія

bankomat

банкомат

walýuta çalyşmak üçin bent

обмінний пункт

altyn

золото

kümüş

срібло

nebit

нафта

energiýa

енергія

baha

ціна

şertnama

контракт

salgyt

податок

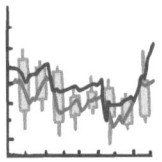

paýnama

акція

işlemek

працювати

gullukçy

працівник

iş beriji

роботодавець

fabrik

фабрика

dükan

магазин

hünärler
професії

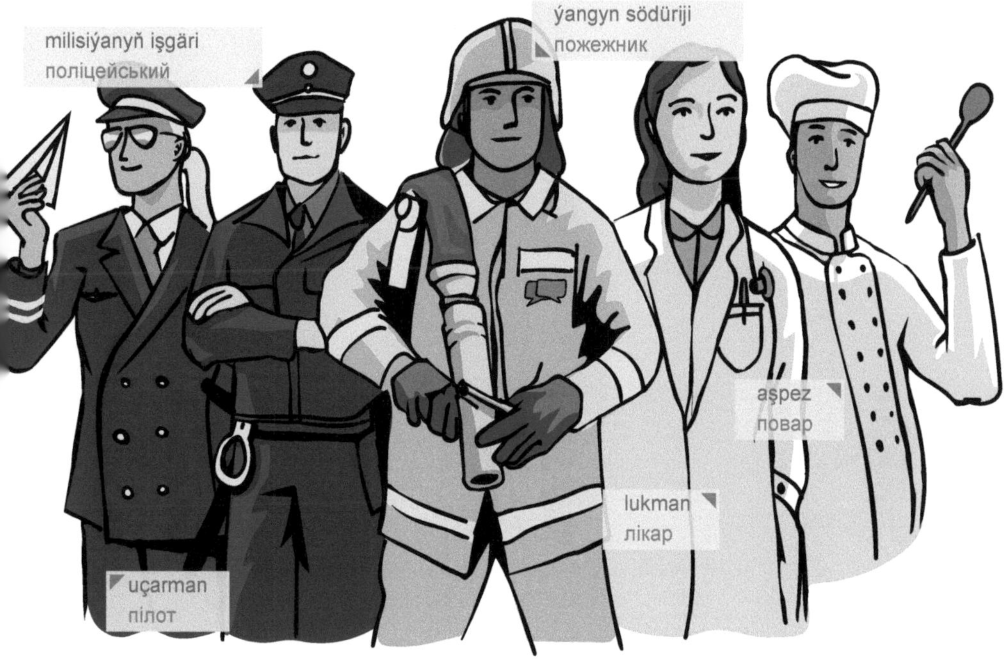
milisiýanyň işgäri
поліцейський
ýangyn södüriji
пожежник
aşpez
повар
lukman
лікар
uçarman
пілот

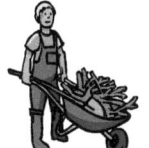

bagban
садівник

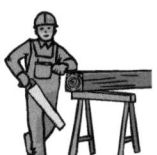

agaç ussasy
столяр

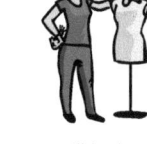

tikinçi
швачка

kazy
суддя

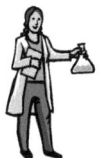

himik
хімік

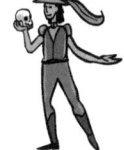

aktýor
актор

awtobus sürüjisi

водій автобуса

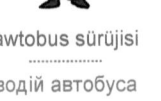

taksiçi

таксист

balykçy

рибалка

tam süpüriji

прибиральниця

üçek basyrýan ussa

покрівельник

ofisiant

офіціант

awçy

мисливець

suratçy

художник

çörekçi

пекар

elektrik

електрик

gurluşykçy

будівельник

inžener

інженер

gassap

забійник

santehnik

бляхар

hatçy

листоноша

esger

солдат

binagär

архітектор

pulhanaçy

касир

floraçy

флорист

dellekçi

перукар

konduktor

кондуктор

mehanik

механік

kapitan

капітан

diş lukmany

дантист

alym

вчений

rawwin

рабин

imam

імам

monah

монах

ruhany

пастор

gurallar
інструменти

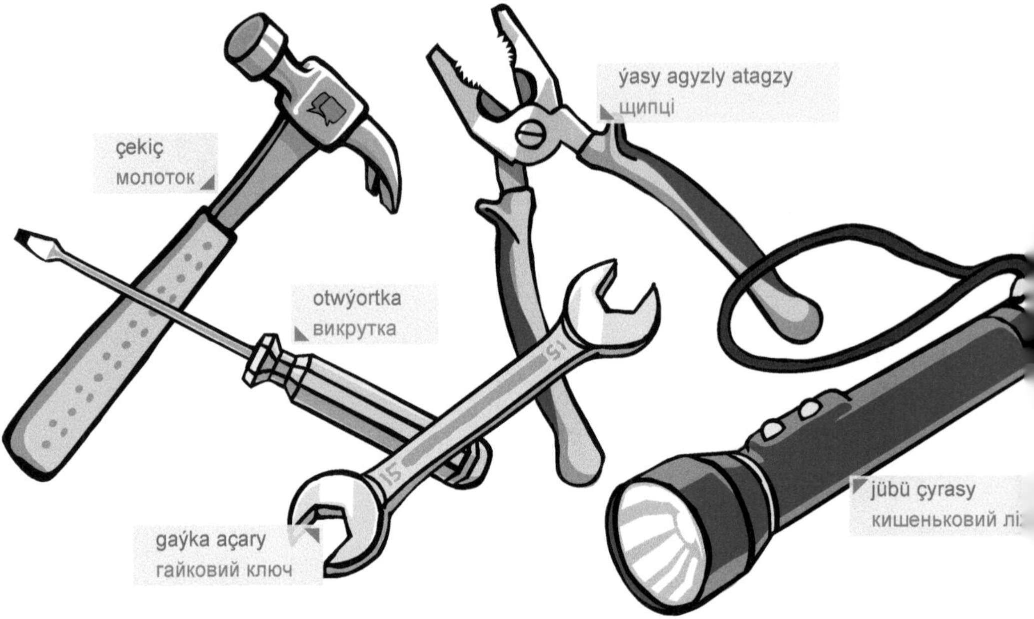
çekiç
молоток
ýasy agyzly atagzy
щипці
otwýortka
викрутка
gaýka açary
гайковий ключ
jübü çyrasy
кишеньковий лі

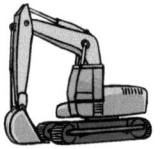

ekskawator
екскаватор

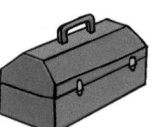

gurallar üçin gap
ящик для інструментів

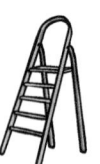

merdiwan
драбина

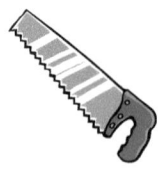

byçgy
пилка

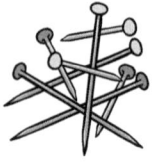

çüýler
цвяхи

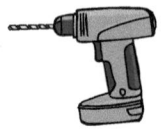

drel
свердло

abatlamak

ремонтувати

pil

лопата

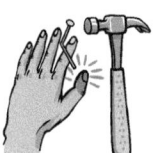

Bolmandyr!

лайно!

susguç

совок

boýagly bedre

відро з фарбою

nurbatlar

гвинти

saz gurallary
музичні інструменти

kakylyp çalynýan saz guraly
ударна установка

batly gürleýji
динамік

gitara
гітара

kontrabas
контрабас

turba
труба

pianino

фортепіано

skripka

скрипка

bas-gitara

бас

nagara

литаври

deprek

барабан

sintezator

клавіатура

saksafon

саксофон

fleýta

флейта

mikrofon

мікрофон

haýwanat bagy

зоопарк

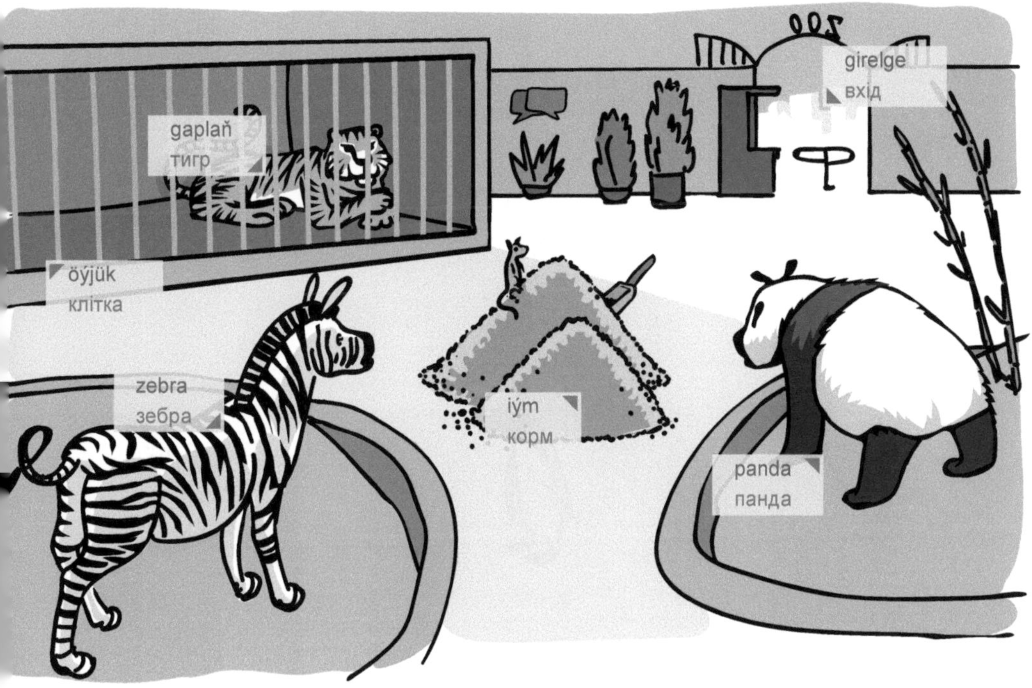
girelge
вхід
gaplaň
тигр
öýjük
клітка
zebra
зебра
iým
корм
panda
панда

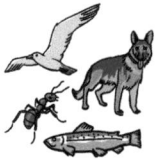

haýwanlar

тварини

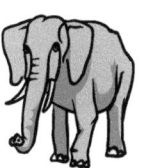

pil

слон

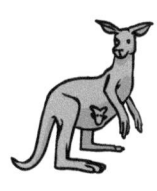

kenguru

кенгуру

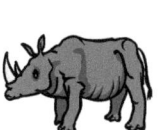

nosorog

носоріг

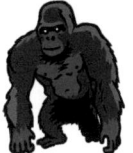

gorilla

горила

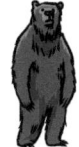

aýy

ведмідь

düýe

верблюд

düýeguş

страус

ýolbars

лев

maýmyn

мавпа

gyzylinjik

фламінго

hindiguş

папуга

ak aýy

білий ведмідь

pingwin

пінгвін

akula

акула

tawus

павич

ýylan

змія

krokodil

крокодил

**haýwanat bagynyň
gullukçysy**

працівник зоопарку

düwlen

тюлень

ýaguar

ягуар

poni

поні

gaplaň

леопард

begemot

гіпопотам

žiraf

жираф

bürgüt

орел

ýekegapan

кабан

balyk

риба

pyşbaga

черепаха

suwpişik

морж

tilki

лисиця

jeren

газель

amerikan
американський футбол

tigir sürmek
їзда на велосипеді

tennis
теніс

basketbol
баскетбол

ýüzme
плавання

boks
бокс

hokkeý
хокей

futbol
футбол

badminton
бадмінтон

ýeňil atletika
легка атлетика

gandbol
гандбол

lyža sporty
лижні перегони

polo
поло

hereket
дії

gülmek
сміятися
bökmek
стрибати
gujaklamak
обіймати
gitmek
йти
aýdym aýtmak
співати
arzuw etmek
мріяти
dilemek
молитися
öpmek
цілувати

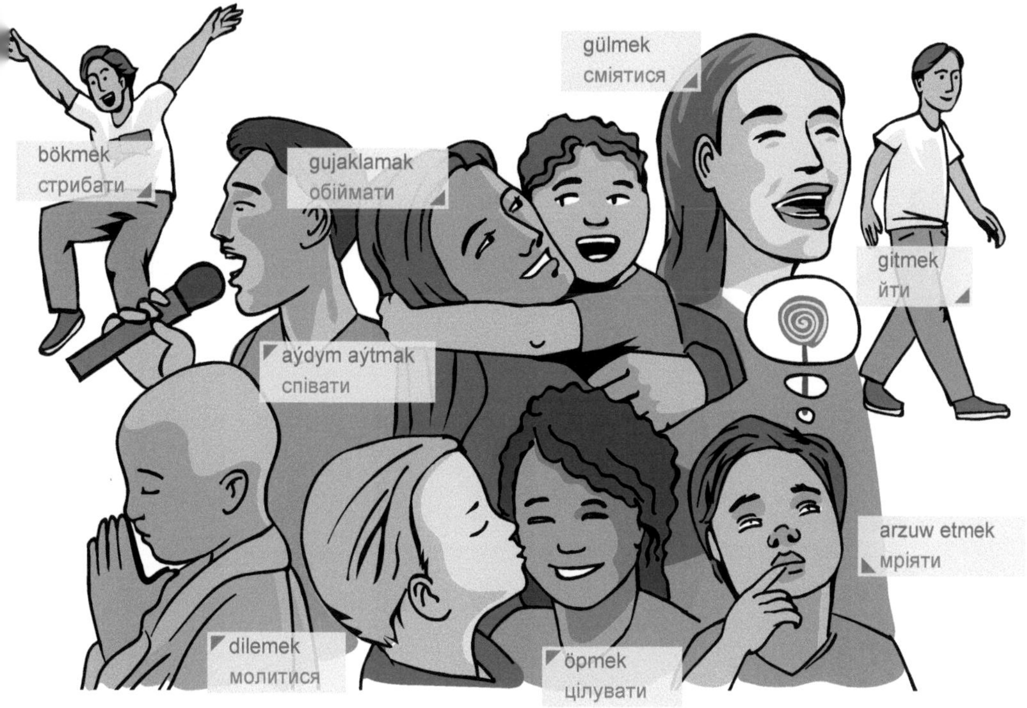

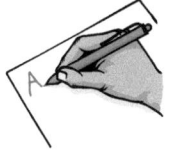

ýazmak
писати

surat çekmek
малювати

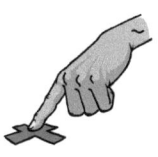

görkezmek
показувати

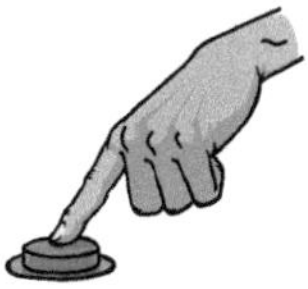

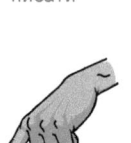

basmak
тиснути

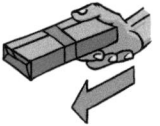

bermek
давати

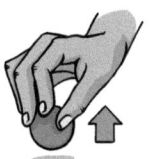

almak
брати

eýe bolmak

мати

etmek

робити

bolmak

бути

durmak

стояти

ylgamak

бігати

çekmek

тягнути

taşlamak

кидати

gaçmak

падати

ýatmak

лежати

garaşmak

очікувати

götermek

носити

oturmak

сидіти

geýmek

одягати

ýatmak

спати

oýanmak

просипатися

görmek

дивитися

aglamak

плакати

sypalamak

гладити

daramak

розчісувати

gürlemek

розмовляти

düşünmek

розуміти

soramak

питати

diňlemek

слухати

içmek

пити

iýmek

їсти

tertipleşdirmek

прибирати

söýmek

любити

taýýarlmak

варити

gitmek

їхати

uçmak

літати

ýelkeni ýaýyp gitmek

йти під вітрилом

hasaplamak

рахувати

okamak

читати

okamak

вчитися

işlemek

працювати

nikalaşmak

одружуватися

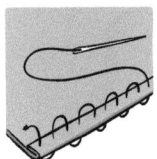

dikmek

шити

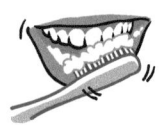

dişiňi arassalamak

чистити зуби

öldürmek

убивати

çilim çekmek

курити

ugratmak

посилати

maşgala
сім'я

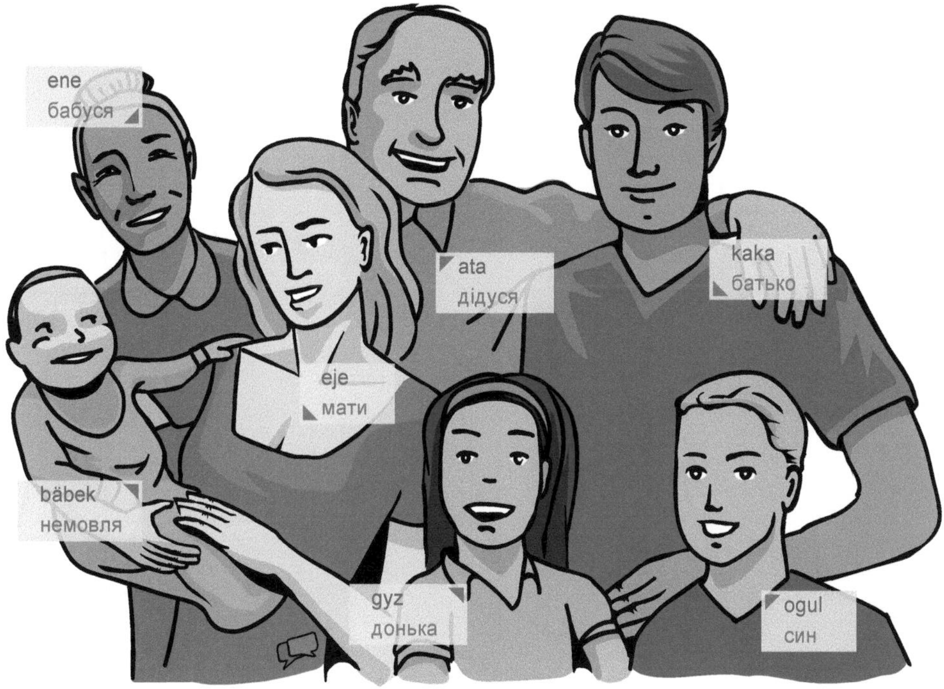
ene
бабуся
ata
дідуся
kaka
батько
eje
мати
bäbek
немовля
gyz
донька
ogul
син

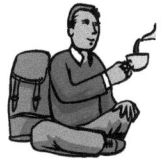

myhman

гість

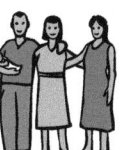

daýza

тітка

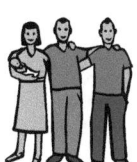

daýy

дядько

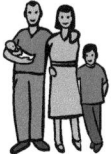

aga

брат

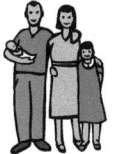

uýa

сестра

ten

тіло

maňlaý
чоло
göz
око
egin
плече
barmak
палець
ýüz
обличчя
äň
підборіддя
penje
кисть
aýak
нога
döş
груди
el
рука

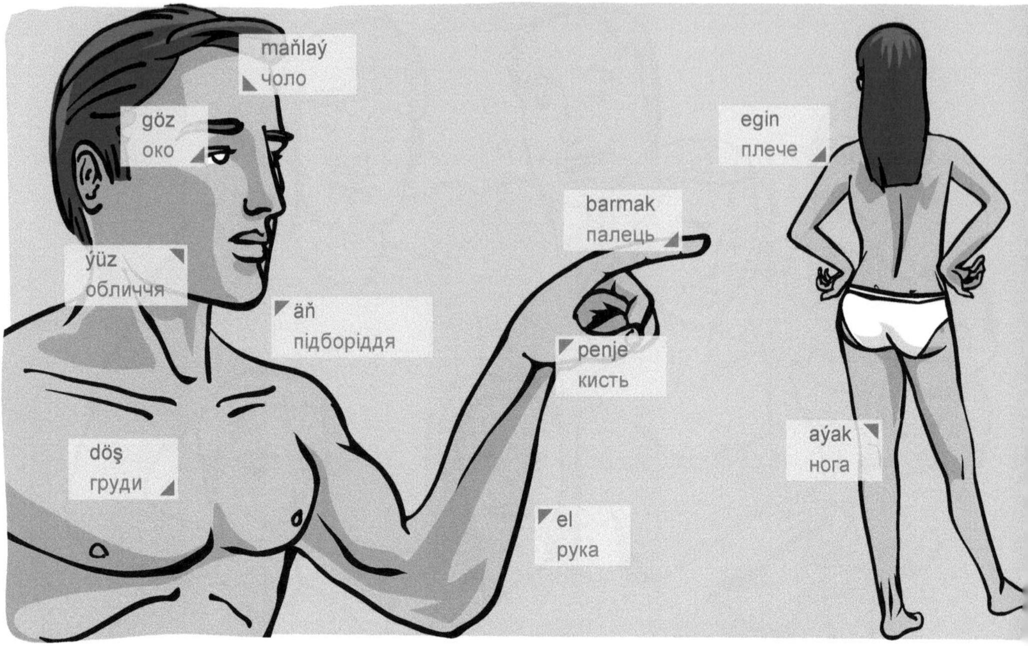

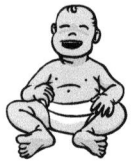

bäbek

немовля

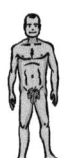

erkek

чоловік

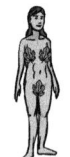

aýal

жінка

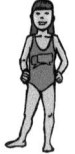

gyz

дівчина

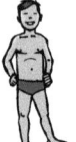

oglan

хлопчик

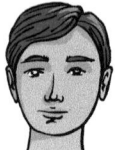

kelle

голова

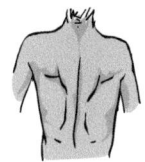

arka

спина

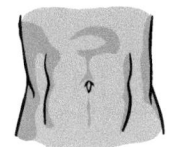

garyn

живіт

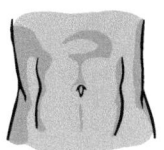

göbek

пуп

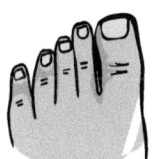

aýak barmagy

палець ноги

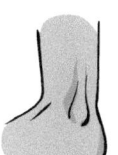

ökje

п'ята

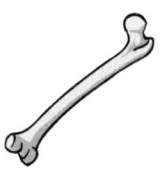

süňk

кістка

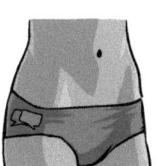

but

стегно

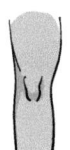

dyz

коліно

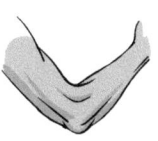

tirsek

лікоть

burun

ніс

ýanbaş

сідниці

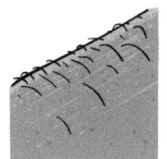

deri

шкіра

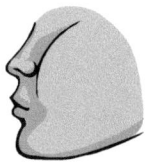

ýaňak

щока

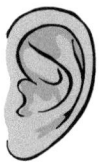

gulak

вухо

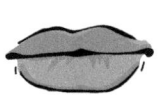

dodak

губа

ten - тіло

agyz

рот

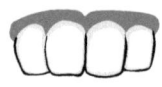

diş

зуб

dil

язик

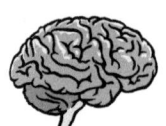

beýni

мозок

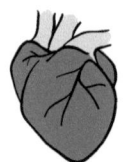

ýürek

серце

myşsa

м'яз

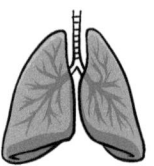

öýken

легені

bagyr

печінка

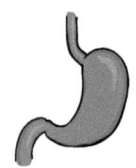

aşgazan

шлунок

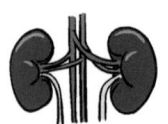

böwrek

нирки

jyns ýakynlygy

статевий акт

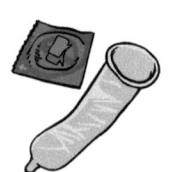

prezerwatiw

презерватив

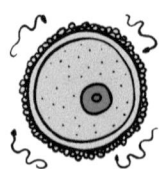

erkeklik jyns öýjügi

яйцеклітина

tohumlyk

сперма

göwrelilik

вагітність

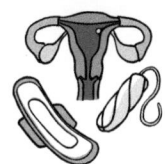

bil açylma
менструація

wagina
вагіна

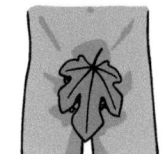

erkek jyns agzasy
пеніс

gaş
брова

saç
волосся

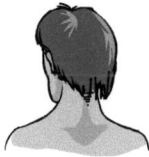

boýun
шия

hassahana
лікарня

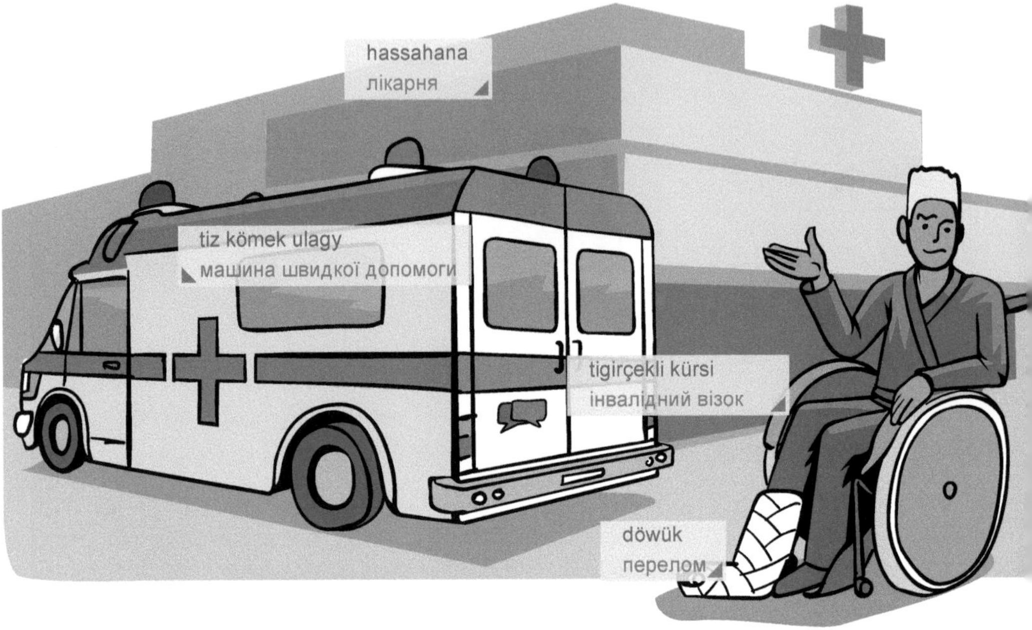

hassahana
лікарня
tiz kömek ulagy
машина швидкої допомоги
tigirçekli kürsi
інвалідний візок
döwük
перелом

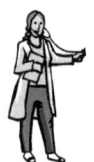

lukman

лікар

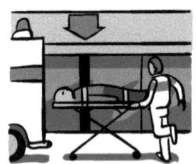

ilkinji kömek nokady

відділення швидкої медичної допомоги

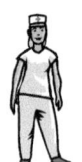

şepagat uýasy

медсестра

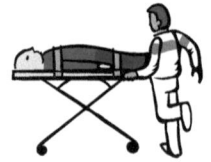

gaýragoýulmasyz ýagdaý

аварійний випадок

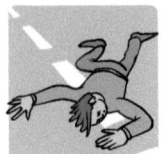

özüni bilmän

непритомний

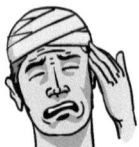

agyry

біль

zeper ýetme

травма

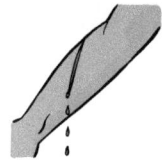

gan akmasy

кровотеча

infarkt

інфаркт

insult

інсульт

allergiýa

алергія

üsgülik

кашель

ýokarlanan temperatura

лихоманка

dümew

грип

içgeçme

пронос

kelle agyrysy

головна біль

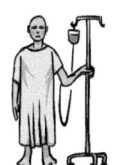

rak

рак

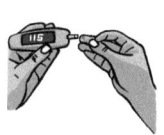

diabet

діабет

hirurg

хірург

skalpel

скальпель

operasiýa

операція

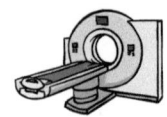

iýmit siňdirýän ortlaryň jemi

KT

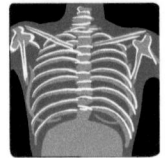

rentgen

рентген

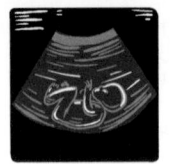

ultrases

ультразвук

maska

маска

kesel

хвороба

kabulhana

зал очікування

pişek

милиця

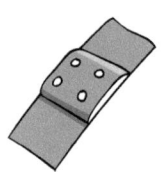

plastyr

пластир

bint

пов'язка

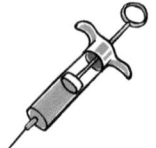

sanjym

ін'єкція

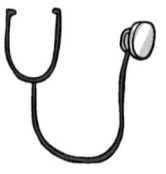

stetoskop

стетоскоп

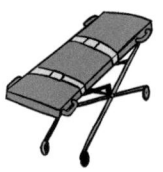

zemmer

ноші

termometr

термометр

dogluş

народження

artykmaç agram

надмірна вага

eşidiş abzaly

слуховий апарат

zyýansyzlandyryjy serişde

дезінфікуючий засіб

ýokanç

інфекція

wirus

вірус

WIÇ/ AIDS

ВІЛ / СНІД

derman

медицина

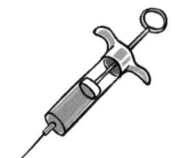

öňüni alyş sanjymy

вакцинація

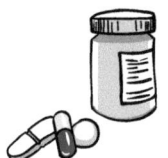

gerdejikler

таблетки

göwreli bolmakdan goraýan
gerdejik

протизаплідна пігулка

gaýragoýulmasyz çagyryş

екстрений виклик

gan basyşyny ölçeýji abzal

тонометр

näsag / sagdyn

хворий / здоровий

Kömek ediň!

Допоможіть!

howsala signaly

сигнал тривоги

çozuş

напад

hüjüm

атака

howp

небезпека

ätiýaçlyk çykalgasy

аварійний вихід

Ýangyn!

Вогонь!

ot söndürijisi

вогнегасник

betbagtçylykly ýagdaý

аварія

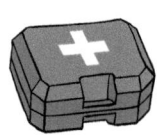

derman gutujygy

аптечка

SOS

СОС

milisiýa

поліція

Ÿewropa

Європа

Demirgazyk Amerika

Північна Америка

Günorta Amerika

Південна Америка

Afrika

Африка

Aziÿa

Азія

Awstraliÿa

Австралія

Atlantika ummany

Атлантика

Ÿuwaş umman

Тихий океан

Hindi ummany

Індійський океан

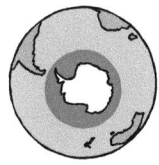

Antarktika ummany

Антарктичний океан

Demirgazyk Buzly umman

Північний Льодовитий
океан

Demirgazyk polÿusy

Північний полюс

Günorta polýusy

Південний полюс

Antarktida

Антарктика

zemin

Земля

gury ýer

суша

deňiz

море

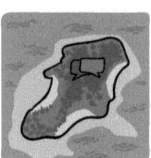

ada

острів

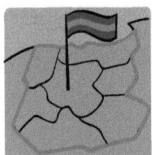

millet

нація

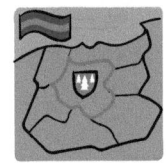

döwlet

держава

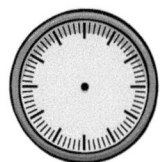

siferblat

циферблат

sagadyň dili

годинникова стрілка

minut görkezýän dil

хвилинна стрілка

sekundy görkezýän dil

секундна стрілка

sagat näçe?

Котра година?

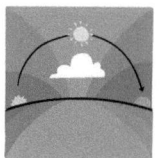

gün

день

wagt

час

häzir

зараз

elektron sagady

цифровий годинник

minut

хвилина

sagat

година

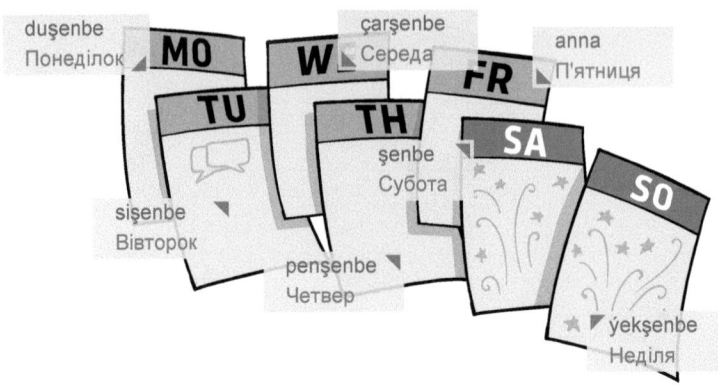

duşenbe
Понеділок

çarşenbe
Середа

anna
П'ятниця

sişenbe
Вівторок

şenbe
Субота

penşenbe
Четвер

ýekşenbe
Неділя

düýn

вчора

şu gün

сьогодні

ertir

завтра

säher

ранок

günortan

опівдні

agşamlyk

вечір

iş günler

робочі дні

dynç günler

кінець робочого тижня

ýyl
рік

ýagyş
дощ
älemgoşar
веселка
şemal
вітер
gar
сніг
ýaz
весна
tomus
літо
güýz
осінь
gyş
зима

4.APRIL 11°
5.APRIL 4°
6.APRIL 13°
7.APRIL 8°
8.APRIL 10°

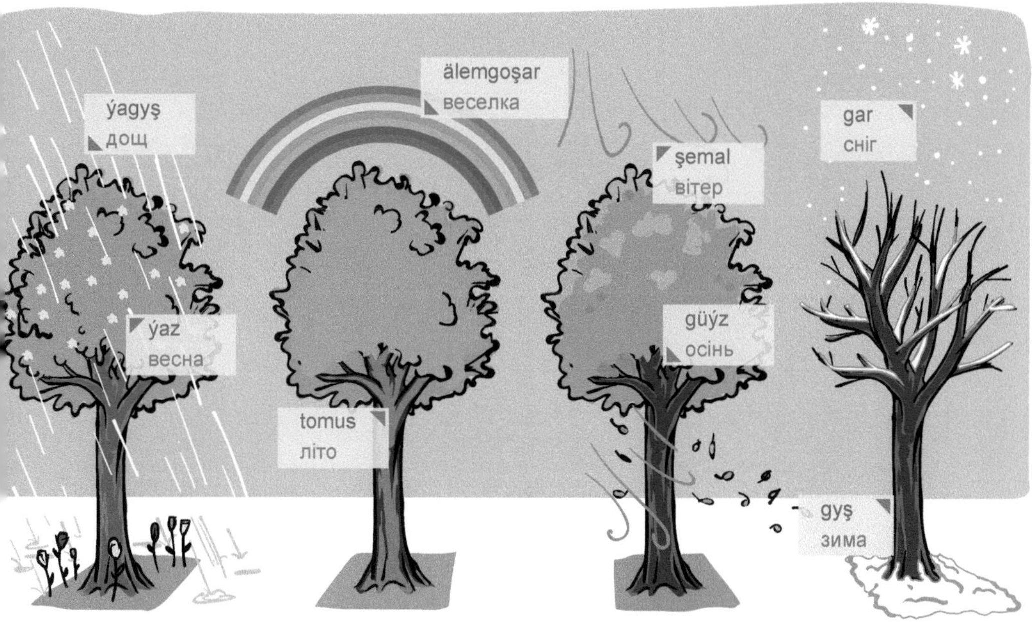

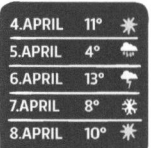

howa maglumaty
прогноз погоди

F C
120 40
90 30
60 20
30 10
0 0
-30 -10
-20

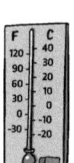

termometr
термометр

gün ýagtylygy
сонячне світло

gara bulut
хмара

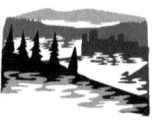

ümür
туман

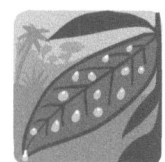

howanyň çyglylygy
вологість повітря

ýyldyrym

блискавка

gök gümmürdisi

грім

tupan

шторм

doly

град

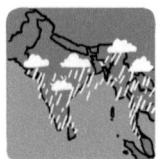

musson

мусон

suw alma

повінь

buz

лід

ýanwar

Січень

fewral

Лютий

mart

Березень

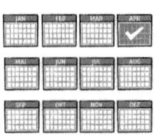

aprel

Квітень

maý

Травень

iýun

Червень

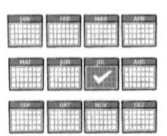

iýul

Липень

awgust

Серпень

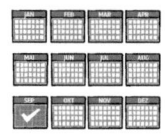

sentýabr

Вересень

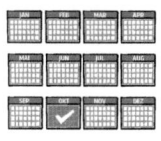

oktýabr

Жовтень

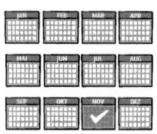

noýabr

Листопад

dekabr

Грудень

tegelek

круг

kwadrat

квадрат

göniburçluk

прямокутник

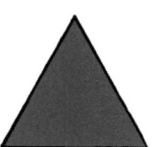

üçburçluk

трикутник

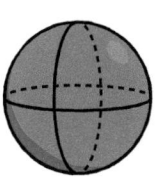

şar

куля

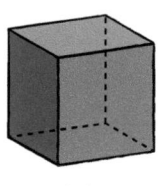

kub

куб

ak

білий

sary

жовтий

mämişi

помаранчевий

gülgüne

рожевий

gyzyl

червоний

liliýa reňkli

фіолетовий

gök

синій

ýaşyl

зелений

goňur

коричневий

çal

сірий

gara

чорний

köp / az

багато / мало

gazaply / asuda

лютий / мирний

owadan / betnyşan

гарний / бридкий

başy / soňy

початок / кінець

uly / kiçi

великий / малий

açyk / garaňky

світлий / темний

oglan dogan / gyz dogan

брат / сестра

arassa / hapa

чистий / брудний

doly / doly däl

завершений /
незавершений

gündiz / gije

день / ніч

jansyz / diri

мертвий / живий

giň / dar

широкий / вузький

iýilýän / iýilmeýän

їстівний / неїстівний

gaharly / dostlukly

злий / дружній

tolgunly / tukat

збуджений / нудьгуючий

çişik / hor

товстий / тонкий

başda / soňunda

спочатку / востаннє

dost / duşman

друг / ворог

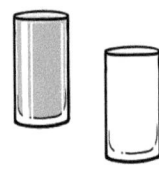

doly / boş

повний / порожній

berk / ýumşak

жорсткий / м'який

agyr / ýeňil

важкий / легкий

açlyk / teşnelik

голод / спрага

näsag / sagdyn

хворий / здоровий

bikanun / kanuny

незаконний / законний

akyly / akmak

розумний / дурний

çepde / sagda

вліво / вправо

ýakyn / daş

поруч / далеко

täze / ulanylan

новий / використаний

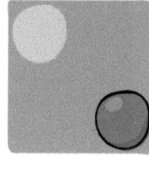

hiç zat / bir zat

нічого / щось

garry / ýaş

старий / молодий

ýakylan / söndürilen

вкл / викл

açyk / ýapyk

відкрито / закрито

ýuwaş / gaty

тихо / гучно

baý / garyp

багатий / бідний

dogry / nädogry

правильно / неправильно

büdür-südür / tekiz

шорсткий / гладкий

gamgyly / şatlykly

сумний / щасливий

gysga / uzyn

короткий / довгий

haýal / tiz

повільно / швидко

öl / gury

вологий / сухий

ýyly / sowuk

гарячий / холодний

uruş / parahatçylyk

війна / мир

0

nul

нуль

1

bir

один

2

iki

два

3

üç

три

4

dört

чотири

5

bäş

п'ять

6

alty

шість

7

ýedi

сім

8

sekiz

вісім

9

dokuz

дев'ять

10

on

десять

11

on bir

одинадцять

12

on iki

дванадцять

13

on üç

тринадцять

14

on dört

чотирнадцять

15

on bäş

п'ятнадцять

16

on alty

шістнадцять

17

on ýedi

сімнадцять

18

on sekiz

вісімнадцять

19

on dokuz

дев'ятнадцять

20

ýigrimi

двадцять

100

ýüz

сто

1.000

müň

тисяча

1.000.000

million

мільйон

iňlis

англійська

amerikan iňlis

американська англійська

mandarin hytaý

китайська
високочиновницька

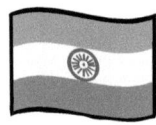

hindi

хінді

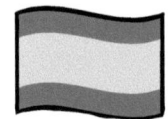

ispan

іспанська

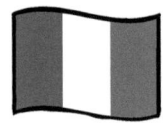

fransuz

французька

arap

арабська

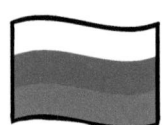

rus

російська

portugal

португальська

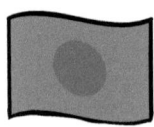

bengal

бенгальська

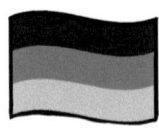

nemes

німецька

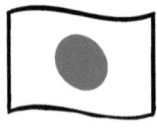

ýapon

японська

men

я

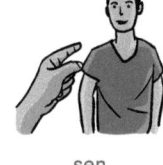

sen

ти

ol (oglan) / ol (gyz) / ol (jansyz zat)

він / вона / воно

biz

ми

siz

ви

olar

вони

kim?

хто?

näme?

що?

nähili?

як?

nirede?

де?

haçan?

коли?

ady

ім'я

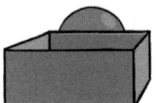

yzynda

ззаду

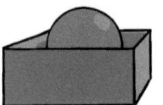

içinde

в

öňünde

перед

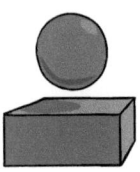

bir zadyň üsti

над

üstünde

на

aşagynda

під

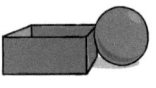

ýanynda

біля

arasynda

між

ýer

місце